ECON Esoterik

Im ECON Taschenbuch Verlag sind bereits folgende Bücher von
Anton und Marie-Luise Stangl erschienen:
Jede Minute sinnvoll leben (TB 23 034)
Die Welt der Chakren (TB 27 982)
Lebenskraft (TB 20 468)
Hoffnung auf Heilung (TB 23 105)
Heilen aus geistiger Kraft (TB 20 029)
Pendeln (TB 20 331)
Gesundheit und Lebenserfüllung durch Pendeln (TB 20 511)
Die vergessene Welt der Gefühle (TB 27 986)
Die geheime Kraft in uns (TB 23 085)
Wege in die Stille
Buddhismus (TB 26 014)
Die Sprache des Körpers (TB 26 020)
Der Energiesensor (TB 20 409)
Das Buch der Verhandlungskunst (TB 21 008)
Führen muß man können (TB 21 292)
Verkaufen muß man können (TB 21 293)

Zum Buch:

Das Haiku ist eine Gedichtform und Meditation. Es umfaßt drei
Zeilen und ist streng gegliedert. Das Wesentliche an dieser japanischen Kunstform ist aber, daß in diesen drei Zeilen Lebensweis-
heiten über Mensch und Natur zum Ausdruck gebracht werden.
Es sind Übersetzungen japanischer Haikus, die in dieser Originalausgabe von Marie-Luise Stangl gesammelt und mit meditativen
Zeichnungen illustriert wurden.

Zur Autorin:

Marie-Luise Stangl ist Entspannungspädagogin, bekannte Sach-
buchautorin und leitet Seminare zur Selbsterfahrung.

Wege in die Stille

Haikus von
Marie-Luise Stangl

ECON Taschenbuch Verlag

Originalausgabe
2. Auflage 1996 veröffentlicht im ECON Taschenbuch Verlag

Umschlaggestaltung: Molesch/Niedertubbesing, Bielefeld
Die Ratschläge in diesem Buch sind von Autor und Verlag sorg-
fältig erwogen und geprüft; dennoch kann eine Garantie nicht
übernommen werden. Eine Haftung des Autors bzw. des Verlags
und seiner Beauftragten für Personen-, Sach- und Vermögens-
schäden ist ausgeschlossen.
Gesetzt aus der Baskerville
Satz: Formsatz GmbH, Diepholz
Druck und Bindearbeiten: Ebner Ulm
Printed in Germany
ISBN 3-612-27976-9

Inhalt

Vorwort

Bashô lehrte mich,
in die Silben zu lauschen.
Danke dir, Weiser!

Das klassische japanische Haiku gilt als die kürzeste Gedichtform der Welt. Es entwickelte sich in vielen Jahrhunderten, machte mehrere Formen durch und fand schließlich im 12. Jahrhundert endgültig sein noch heute übliches Aufbauschema: Es ist ein Dreizeiler mit insgesamt 17 Silben im Rhythmus 5-7-5.

In dieser ungeheuren Dichte, die das strenge Maß des Haikus aufgibt, wird etwas über die Natur ausgesagt, wie sie im Augenblick des Erlebens und Betrachtens vom Schauenden empfunden wird. Der Mensch taucht ein in die Geschehnisse um ihn herum. Er wird Teil von und eins mit ihnen und bringt diesen Augenblick in den drei Zeilen des Haikus zum Ausdruck.

Ein Beispiel dafür mag genügen. So entflammt in dem berühmten Haiku-Dichter Matsuo Bashô (1644–1694), vielleicht dem berühmtesten überhaupt, angesichts von frischem, grünem Blattwerk, das von der Sonne beschienen ist, folgendes Haiku:

Wie herrlich, herrlich:
Das frische, grüne Blattwerk
im Sonnenglaste!

Jeder, der auch nur ein wenig Ahnung hat von östlichem Denken und Empfinden, versteht sofort, daß hier nicht ein euphorischer Naturschwärmer seinen Gefühlen freien Lauf läßt, sondern daß vielmehr etwas Tieferes, Bewegenderes, Geheimnisvolleres sich abspielt und ausgedrückt wird. Ja, vielleicht dürfen wir annehmen, daß Bashô in diesem Augenblick des Erlebens so aufgeht, daß er das frische, grüne Blattwerk und Sonnenglast selbst IST, sich also vollkommen damit identifiziert. Da gibt es keinen Bashô mehr auf der einen Seite und frisches, grünes Blattwerk im Sonnenglaste auf der anderen – keinen Schauenden und kein Beschautes –, keine Zweiheit. Bashô IST eins mit dem, was er sieht und bringt dieses Eins-Sein mit den Dingen in den 17 Silben zum Ausdruck.

Freilich dürfen wir nicht annehmen, daß alle Haikus, die jemals verfaßt wurden, diese Dichte, dieses Eins-Sein erreichen. Es bedarf keiner Worte, daß dies unter uns Menschen ein nicht erfüllbarer Wunsch ist.

Vielleicht werden Sie sich fragen, warum ich den vielen, vielen Haikus, die es schon gibt, noch weitere hinzufüge. Zunächst einmal: Ich kann gar nicht anders, ich muß es einfach tun. Sie sprudeln aus einer inneren Quelle und gehen dahin wieder zurück. Dabei empfinde ich eine so große Freude, daß ich jedem empfehlen möchte, es auch einmal mit Haiku-Schreiben zu versuchen. Man erlebt etwas in sich und um sich herum und versucht, dieses Erleben in 17 Silben zu verdichten. So gesehen, sind Haikus für mich eine Form der Meditation.

Ein zweiter Grund für mich, Haikus zu schreiben, ist der, daß mir bei den klassischen japanischen oft die Aussage über den Menschen gefehlt hat. Denn das klassische Haiku orientiert sich in erster Linie an der Natur, wie sie um uns ist, orientiert sich an den Jahreszeiten, an hohen Festtagen. Der Mensch als Teil dieser Geschehnisse kommt zwar als Betrachter, als Erlebender vor, ist Teil des Ganzen und verschmilzt – im Idealfall – mit ihm. Über ihn selbst erfahren wir jedoch so gut wie gar nichts.

So war und ist es mir ein Herzensbedürfnis, den Menschen auf eine neue Weise in die Haikus hineinzunehmen, ihn mit seinen Leiden und Freuden, mit seiner Liebe, mit seinen tiefen Gefühlen, seinem Licht, seiner Wahrheit, seinem Ringen, seinem Tod sprechen zu lassen. Es geht mir um all' das, was er in seinen tiefen und bewegenden Lebensaugenblicken wahrnimmt, erfühlt und erleidet. Ja, es geht mir um den Augen-Blick überhaupt, in dem wir uns wieder und wieder neu und ungeteilt erfahren können – also um die ungeheure Chance, die uns gleichsam hineinwirft in das Jetzt, das immer währt.

Dies auszudrücken, war und ist mein Wunsch. Nun hoffe ich auf Leser, die verstehen, was ich mit meinen Haikus sagen will. Leser, die sie in sich aufnehmen, sie verinnerlichen, um so ganz in das Jetzt des Augenblicks hineinzutauchen. Dort wird etwas von dem Ewigen unserer Existenz aufschimmern, denn:

Jeder Augen-Blick
ist ein Teil der Ewigkeit.
Laßt ihn uns leben!

Meditation

oder

In der Stille
liegt alle Kraft

In deinen Augen
sah ich alle Herrlichkeit.
Wie still ist mein Herz.

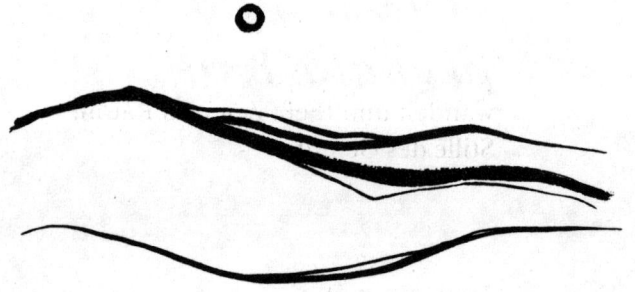

In die Stille gehn.
Zurück zu den Wurzeln.
Ach, dort verweilen!

Vor meinen Augen
wandelt und fließt Zeit und Raum.
Stille des Gemüts.

Meditation.
Stille sein in der Leere.
Daher kommt alles.

Ich verehre dich
durch das Brausen des Windes.
O große Stille.

Der Atem webt leis.
Tiefe Ruhe ist in mir.
Der Geist befriedet.

Die Stille drang tief.
Ich hörte sie durch den Klang,
als die Flöte rief.

Der Buddha sagte:
Mache aus dir selbst ein Licht.
– Wie hell wird es sein?

Die Seele weiß nichts
von der großen Dunkelheit.
Sie weiß nur vom Licht.

Dem Leben dienen.
Daraus kommt die große Kraft.
Wege des Himmels.

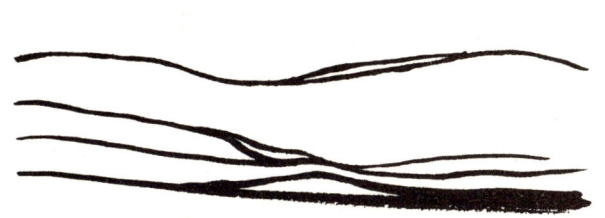

Leer meine Sinne.
Alles vergessen was war.
Vergangenes Glück.

Herz und Sinn entleert,
mit der großen Stille eins,
warte ich auf dich.

Entgrenzung üben
in der Stille und Leere.
Alles ist ganz nah.

Stille des Tages.
Offene Weite um mich.
Unendlichkeit jetzt.

Voller Entzücken
schaut mein inneres Auge
alle Herrlichkeit.

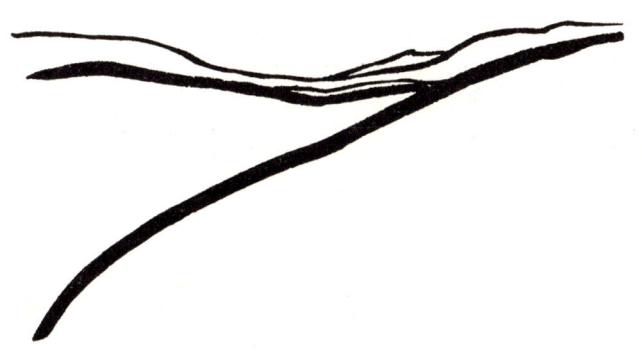

Du bist in allem.
Meine Gebete strömen
durch alles zu dir.

Herz und Sinn sind wach.
Fern die Klänge der Dinge.
Ruhe erfaßt mich.

Namenloser Grund.
Meeresstille des Gemüts.
Wie koste ich dich.

Umfange mich still
kosmisches Meer des Lebens.
In dir immer sein.

Der grundlose Grund
läßt tief mich in sich hinein.
O große Mutter.

Ich vernehme dich
durch den Atem des Windes.
Rückkehr zur Stille.

Übe Achtsamkeit.
Tag um Tag und Jahre lang.
Das ziellose Ziel.

Alles kehrt zurück
zu den Ursprüngen des Seins.
Stete Wandlungen.

So leer ist mein Herz.
Nach des langen Tages Last
reift es in Stille.

Wo ist Ewigkeit?
Schau tief hinab in dein Herz.
Dort findest du sie.

Wenn alles zerfällt,
bleibt lichtvolle Ewigkeit.
Endloses Schweigen.

Eins-Sein

oder

Wissen vom Weg

Klang aller Dinge
strömt von weither in mein Herz.
Eins mit dem Einen.

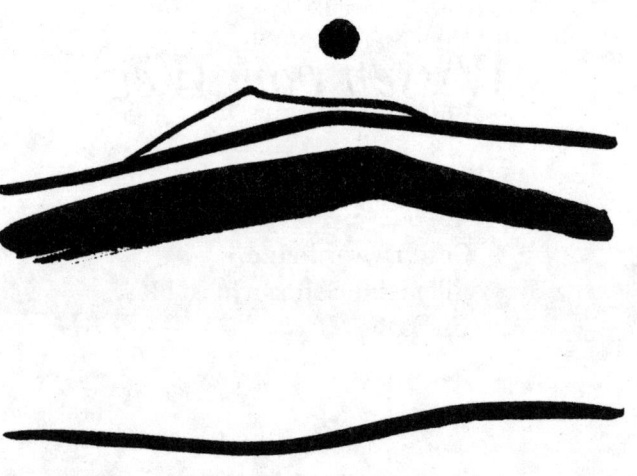

Der Liebe Sehnen.
Du fällst in meine Augen
und ich in deine.

Gestern war heute.
All' meine Sehnsucht ist hier.
Unendliche Zeit.

Das mystische Herz
weilt inmitten allen Schmerzes
– unerschütterlich.

Sich dir aussetzen.
Deine Botschaft vernehmen,
wenn dein Ruf ergeht.

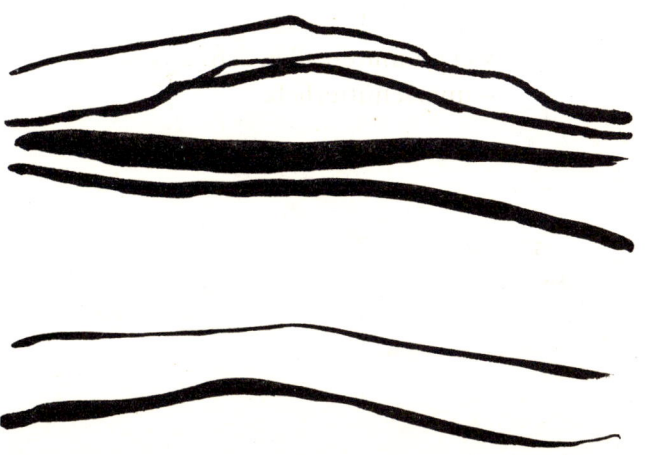

Geschenk des Himmels:
Weiter Strahlenkranz von Licht
um alle Wesen.

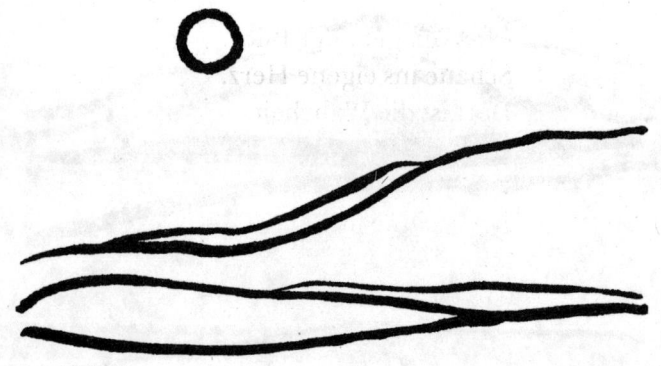

Ich ruhe in mir,
lasse alles Laute los.
So still ist mein Herz.

Wie weit geht der Blick.
Schaue ins eigene Herz.
Dort ist die Wahrheit.

Ich besinne mich
auf deine Unendlichkeit.
Tiefer Seelengrund.

Faden des Daseins.
In jeder Minute neu
verknüpfe ich dich.

Ich befürchte nichts,
lasse alle Wünsche los.
Denn so geht mein Weg.

All' meine Sorgen
durft' ich dir übergeben.
Freudig nun mein Herz.

Einfach so da-sein.
Ganz in Zeit und Ewigkeit.
Mein Wesen lebt jetzt.

So viele Leben
sind längst in mir vergangen.
Nun bin ich ganz hier.

Wiedergeboren.
In jeder Minute neu.
Essenz des Lebens.

Allem standhalten.
Und mit allem eins werden.
Das Wesen des Wegs.

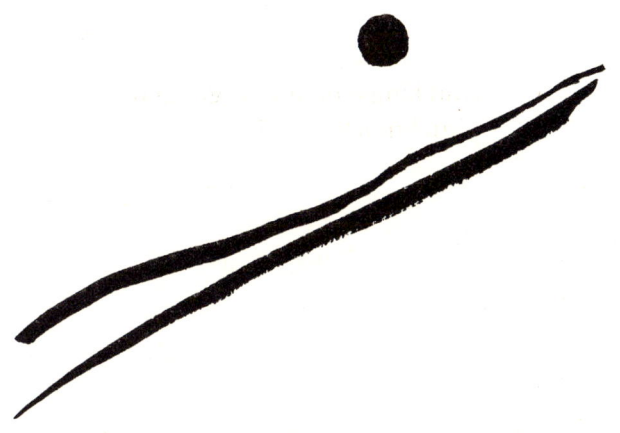

Im magischen Kreis
bin ich mit allen Wesen.
Gesegnet im Jetzt.

Groß ist die Liebe.
Unendliches tiefes Meer.
Darinnen mein Geist.

Die Quelle der Kraft
liegt ganz in dir verborgen.
Tauche tief hinein.

Kein Anfang-Ende.
Alles ist seit Anbeginn.
O du klare Schau.

Kein Oben-Unten.
Alles kreist um die Mitte.
Ur-uraltes Rad.

Lichtvolle Klarheit
durchzieht meine Gedanken.
Du bist in allem.

Zehntausend Dinge,
alle im Einen vereint.
Nur das Eine bleibt.

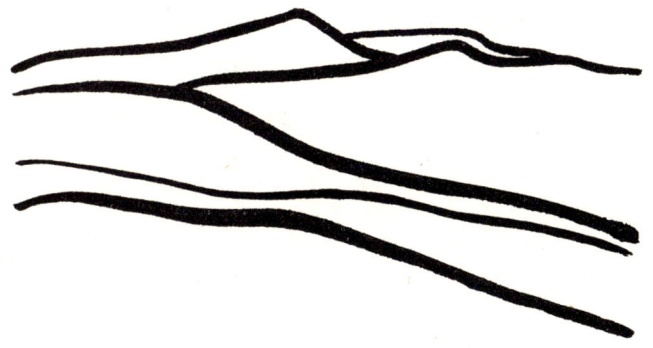

Freude wandelt mich.
All meine Schatten fliehen.
Hell und klar mein Sinn.

Meine Augen schaun
das Licht des ewigen Seins.
Was brauche ich mehr?

Ich bin ganz im Licht.
Alles andere verblaßt.
Segen dem Lichte.

Des Kämpfens müde
sucht meine Seele das Licht,
das alles umfaßt.

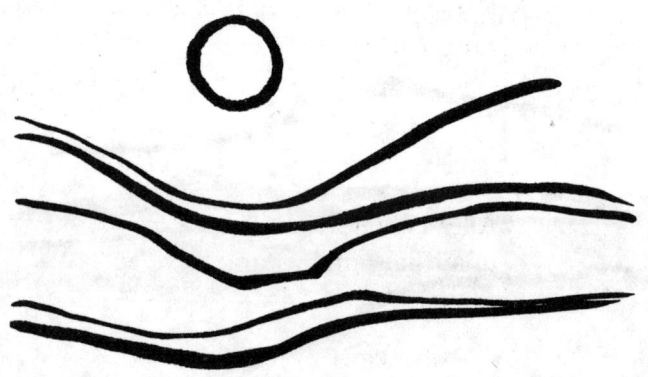

Keine Trennung mehr.
Eins sein mit allem Leben.
Wie einfach ist dies!

Alles Leben strömt
unaufhaltsam fort und fort.
Weiter Ozean.

Dunkelheit draußen.
In dir selbst das Licht so hell,
alles erleuchtend.

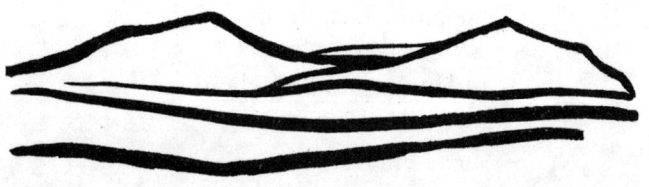

Lautlose Stimme.
In dir höre ich alles,
selbst den Klang des Nichts.

Ganz geborgen sein
im Hause meines Lebens.
Fern aller Unrast.

Wo der Weg endet,
ist das Wasser völlig klar.
Strömende Steine.

Sterben und Tod

oder

Unsere Wanderschaft

Blumen im Becher
hängen langsam die Köpfe.
Welch sanftes Sterben.

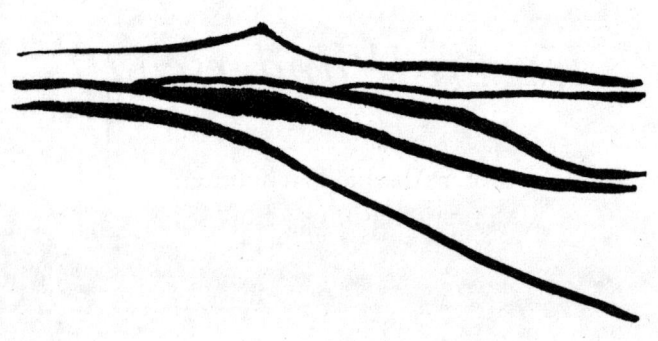

Das Sterben abends
wird ganz leise und heiter.
Denn ein Stern geht auf.

Das Herz ist bereit,
tapfer Abschied zu nehmen,
wenn dein Ruf ergeht.

Das Morgen ist jetzt.
Der Tag ist die Ewigkeit.
Was fürchte ich denn?

Irdische Hülle.
Eins wirst du mit der Erde.
Letzter Liebesdienst.

Wer hält meine Hand,
wenn sie langsam erkaltet?
Du, immer nur du.

Mein Erdenleben:
Ein Sandkorn in der Wüste.
Gar nichts und alles.

Das neue Korn reift.
Die Schalen sind noch gefüllt.
Herbst meines Lebens.

Zehntausend Tode
habe ich schon durchgelebt.
Erwachen – träumen.

Das Werk ist vollbracht.
Augen, Hände und Atem
ruhen in Weisheit.

Längst schon vergessen.
Alte Gräber, was bergt ihr?
Vergangenes Glück.

Jetzt sind wir müde
von der großen Wanderung.
Von all' den Steinen.

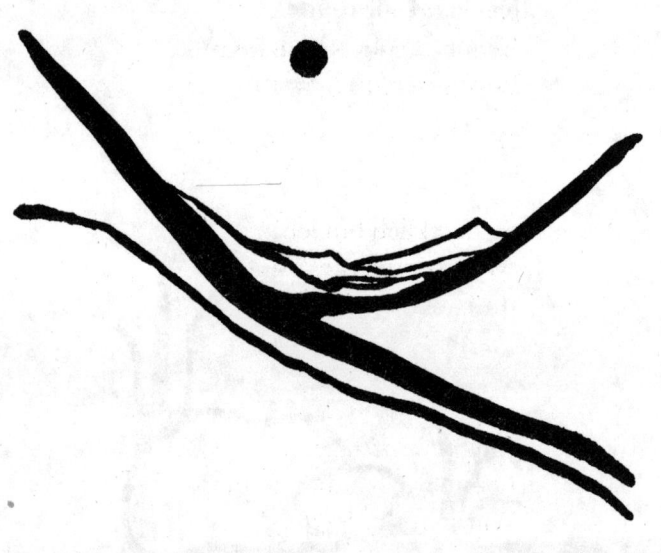

Ich horche lange
in den weiten Raum hinaus.
Fern erschallt dein Ruf.

So glücklich bin ich!
Alle Freuden gekostet –
und auch die Leiden.

Jeder Atemzug
ist ein Stück näher zu dir.
Wann ist der letzte?

Tiefe Todesnacht
umfing mich vor langer Zeit.
Dann erschien dein Licht.

Wenn du dir selbst stirbst,
gehst du ein in die Leere,
welche Fülle ist.

Sanfter Bruder Tod,
wann kommst du und umarmst mich?
Alles ist ganz hell.

Mein Herz nimmt Abschied.
Es sendet Dank zu allen,
die es traf am Weg.

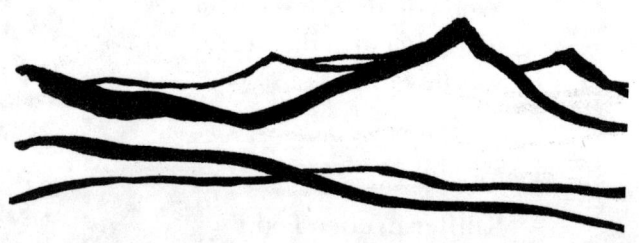

Das Spiel ist nun aus.
Gib mir deine warme Hand.
Der Morgen wartet.

Erleben
von Natur und Welt

oder

Alles ist Schöpfung

Der Morgen bricht an.
Lobpreis der ganzen Schöpfung.
Das Licht atmet mich.

Ein jeder Grashalm
singt sein ur-eigenes Lied.
Das Lied der Schöpfung.

Zarter Vogellaut.
Seele-Geist erheben sich.
Danke dir, Bruder.

Das steinerne Meer
umfängt mit großer Weichheit
die kleinen Blumen.

Die hohen Wellen.
Immer wieder brausend neu
wie meine Hoffnung.

Die Tage sind nichts.
Erfindung nur Zeit und Raum.
Der Himmel wölbt sich.

Gleißende Helle.
Am Horizont die Berge.
Wie fern alle Last.

Goldene Sonne
über reifem vollem Land.
Das Leben ein Traum.

Düfte am Abend.
Wundersamer Atemzug.
Du birgst Ewiges.

So blau der Himmel.
Leises Grillengezirpe.
Das Jetzt ist immer.

Der silberne Mond
zeichnet den Märchengarten
um unser Haus.

Die Blüten fallen,
und die Träume entfliehen.
Meine Hoffnung währt.

Leuchtende Berge
so still am Abendhimmel.
Lehrt mich das Schweigen.

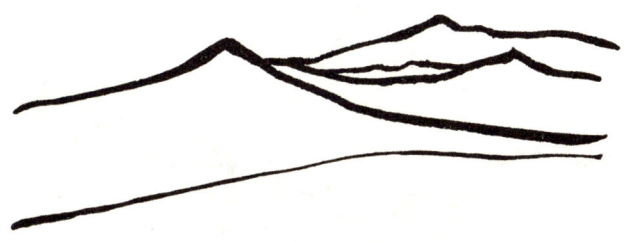

Die Berge sind still.
Viel stiller noch ist mein Herz.
Der Weg ist so lang.

Das Ewige hier.
Ich gebe mich dem Leben.
Wie glücklich bin ich!

Ewige Sonne.
Meine Zellen atmen dich.
Du und ich sind eins.

Goldner Lebensstrom.
Myriaden von Funken
wirbeln in allem.

Wind streicht durch mein Haar.
Am Himmel weiße Wolken.
Stille hüllt mich ein.

Allem entrückt sein.
Unbeschwertheit des Herzens.
So groß ist der Dank.

Gewölk am Himmel.
Wohin nur geht die Reise?
Immer nach Hause.

Ein Meer von Liebe
läßt meine Seele zittern.
Das Zittern des Glücks.

Die Fülle des Tags
fällt wie ein reifer Apfel.
Stille jetzt – Stille.

Berge versetzen.
Über die Wellen reiten.
Alles in Staunen.

All' ihr Geschöpfe
in Erde, Wasser und Luft:
Singt das große Lied.

Wo die Füße sind,
ist immer heiliger Ort.
Das Haupt himmelwärts.

Kontakt zur Erde.
Tor zum Licht und zur Wahrheit.
Himmel darüber.

Jahrmillionen
Lichtmuster in einem Stein.
Wie weich du doch bist!

Die Kraft der Berge
fließt unaufhaltsam in mich.
Sitzen wie ein Berg.

Atmen wie ein Stein.
Seit Urbeginn sitze ich
in großem Lichte.

Mein Herz erhebt sich
in großen weiten Schwingen.
Strahlende Freude.

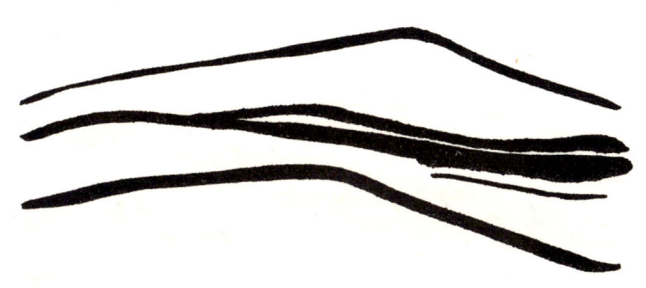

Glückseliger Tag.
Lächeln in deinen Augen.
Schnee auf den Feldern.

Blühende Wüste.
Die Nacht wird zum lichten Tag.
Du allein bist es.

Auf dem Weg

oder

Der Weg ist das Ziel

Einst lange Reisen
in meine Vergangenheit.
Nun leb' ich im Jetzt.

Innere Wahrheit
möchte nach außen dringen.
Einfach durchlassen.

Schleier zerreißen.
Geheimnis des Augenblicks.
Geboren werden.

Herr, es ist so schön.
Da-Sein vor dir ist alles.
Du bist ewig da.

———

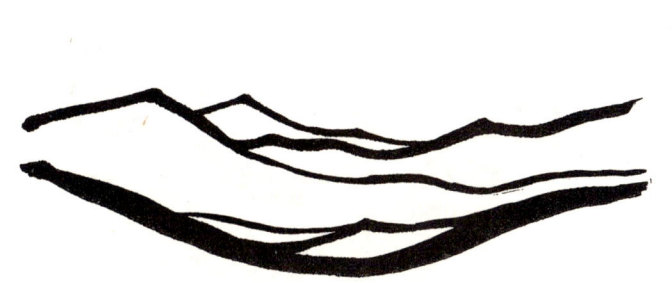

Müde vom Denken
laß ich mich in die Leere.
Großer weiter Raum.

Fremde Menschen sehn.
Sich selbst in ihnen kennen.
Ich-Bruder-Schwester.

Mein Seelenfenster
möchte sich strahlend öffnen,
allem entgegen.

Verstummender Ton.
Unhörbares Lautloses.
Die Glocke ruft mich.

Tief in der Wüste
blühen still kleine Blumen.
Sei tapfer wie sie!

Ich will dir dienen,
solange du mir Zeit läßt.
Jetzt oder später.

Dienende Liebe.
Die Höhle meines Herzens
ist ganz durchleuchtet.

Geduld. Eile nicht.
Sage dich von allem los.
Dann hast du Frieden.

Kostbarer Frieden.
Still verweilt mein Herz in dir.
Erfahrung des Seins.

Ich schaffe Leere.
Und wahre sanft die Stille.
Alles ist im Fluß.

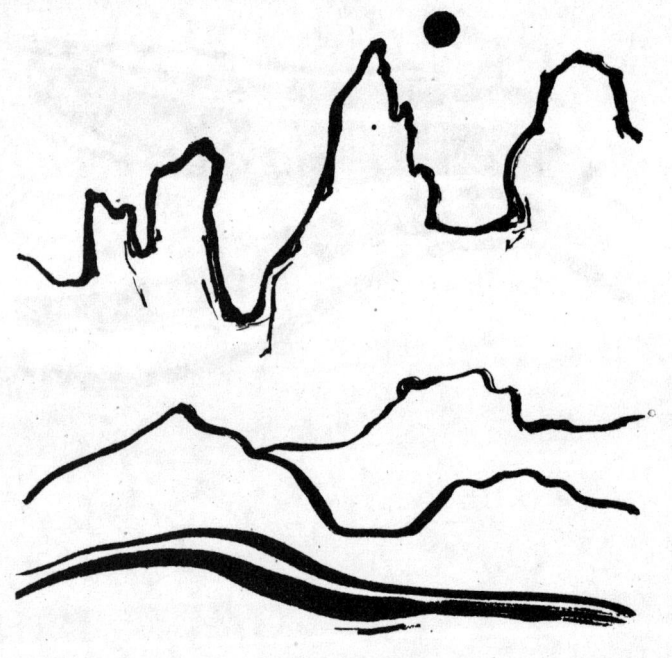

Der Glaube ist groß.
Er gibt meiner Seele Kraft.
Sonst könnt' ich nicht sein.

An meiner Seite
steht ganz unerschütterlich
der Engel der Kraft.

Der heilige Gang,
den meine Füße wandern,
ist Teil des Himmels.

Schließ Aug und Ohr.
Öffne weit Seele und Geist.
In dir ist alles.

Ein Blatt treibt im Wind. . .
Das Festhalten aufgeben.
Leicht kommst du ans Ziel.

All' meine Sorgen
lasse ich in deinen Schoß.
Das große Lassen.

Zieh deine Sinne
ab von der äußeren Welt.
So hast du Ruhe.

Meine Augen sehn
das Licht des Universums.
Die Erde zerrinnt.

Immer Gutes tun.
Nichts wissen von den Werken.
Frieden im Herzen.

Ein Küken bin ich.
Die Schale meines Leibes
birgt sorglich den Geist.

Du hast mich berührt.
Laß mein Leben ein Dank sein
für deine Zartheit.

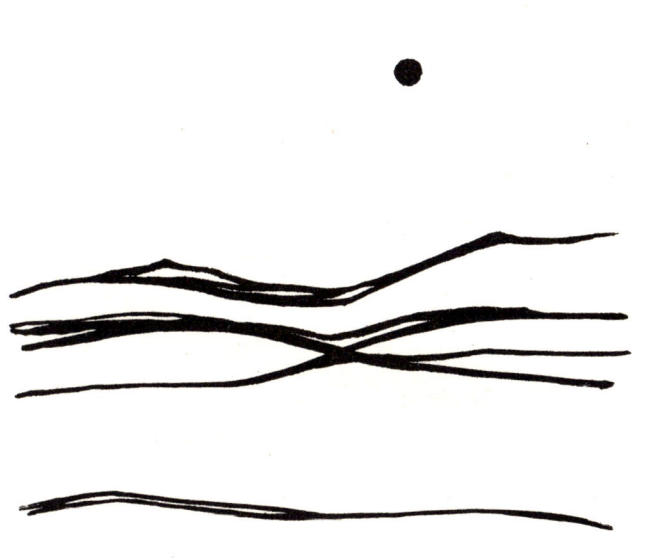

Das Nichtseiende
dringt ein durch alle Ritzen.
Kannst du es fassen?

Im formlosen Selbst,
alles hinter dir lassend,
gehst du ins Eine.

Zehntausend Dinge.
Jedes will zurück zum Grund.
Ich schaue nur zu.

Jesus und Buddha,
ihr unsre großen Brüder,
gebt uns den Segen!

Reise nach innen:
Alle Schönheit ist in dir.
Im ewigen Jetzt.

Inmitten der Welt
beharrlich den Weg gehen,
der zum Licht führt.

»Der Weg ist das Ziel.«
Nur wissen, auf ihm zu sein:
Immer – ewig – jetzt.

Formlos-wahre Form.
Ich gehe durchs torlose Tor
und lächle dir zu.

Einsame Freiheit.
Du erwachst aus tiefem Schlaf,
gehst den Weg ins Nichts.

Ewig Seiendes
durchdringt still den Augenblick.
Alles ist immer.

Die Autorin dieses Buches und ihr Ehemann halten seit nunmehr über zwei Jahrzehnten Wochenendseminare ab, die von den Leitgedanken, wie in diesem Buch behandelt, getragen sind. Genaueres ist zu erfragen bei Dr. A. und M.-L. Stangl, 64757 Rothenberg/ Odenwald.

Marie-Luise Stangl
Ewiges Jetzt
Übungen zum Erleben
des Seins
TB 27978-5

Dieses Buch ist ein Weg-
bereiter auf der langen
Reise ins Innere. Medita-
tive Übungen führen den
Leser zu seinem geisti-
gen Auge, machen ihn
bereit, den Augenblick
bewußt zu erleben, die
Welt und sich neu und
freier zu erfahren. In der
Leere und der Stille er-
reicht der Leser das Ge-
fühl für das Ewige im Au-
genblick.

Herbert V. Guenther
**Tantra als Lebens-
anschauung**
TB 27983-1

Das Ziel des buddhi-
stischen Tantrismus ist
die Selbstverwirklichung
des Menschen. Da der
Mensch durch seine kör-
perliche und seine gei-
stige Natur bedingt ist,
strebt die tantrische Phi-
losophie ein harmoni-
sches Zusammenwirken
beider Komponenten an.
Denn nur demjenigen,
der sich der Einheit von
Körper und Geist bewußt
ist, wird die Seinserfah-
rung möglich.
Während für den west-
lichen Menschen die
leibliche und geistige
Natur einen unüber-
brückbaren Gegensatz
bildet, hat der Mensch in
der Anschauung des
Ostens nicht nur einen
Körper, sondern er ist
Körper. Durch die Liebe
steigt der Mensch über
verschiedene Stufen der
Begegnung zur höchsten
Erkenntnis des Seins auf.

Margrit Erni
Grenzen erfahren
TB 27984-x

Margrit Erni beschreibt
die Grenzen, denen wir
ausgesetzt sind, Grenzen
unserer Fähigkeiten,
Möglichkeiten, unserer
Wirksamkeit und Em-
pfänglichkeit. Die Autorin
versteht es, den Umgang
mit den Grenzen als Um-
gang mit dem Leben
selbst darzustellen.
Grenzen gehören zum
Leben; sie erschrecken
nicht nur, sondern schüt-
zen und bewahren zu-
gleich, sie schenken
Freiheit und geben Chan-
cen zur Weiterentwick-
lung.

ECON TASCHENBÜCHER

ECON